Ludwig Burgdörfer

Erst eilig, dann heilig

Heiter-Nachdenkliches
für die Advents- und Weihnachtszeit

W0337382

BRUNNEN
VERLAG GIESSEN · BASEL

Zitat in „Zu Fuß“ S. 48 „Sind so kleine Füße …“ aus: Bettina Wegner, Wenn meine Lieder nicht mehr stimmen, Reinbek 1979

© Brunnen Verlag Gießen 2006
www.brunnen-verlag.de
Umschlagbild: photocase
Umschlaggestaltung: Olaf Johannson
Satz: DTP Brunnen
Druck: Ebner und Spiegel, Ulm
ISBN (10): 3-7655-3875-2
ISBN (13): 978-3-7655-3875-9

Inhalt

Eigentlich wollten wir Weihnachten ausfallen lassen

Eigentlich wollten wir in diesem Jahr einmal
Weihnachten ausfallen lassen.
Wir standen schon in konkreten Verhandlungen,
beinahe waren wir uns schon einig.
Zumindest darin, dass es diesmal einfach zu plötzlich kommt,
zu unpassend auch,
und dass es irgendwie last minute lästig ist.

Irgendwie war die Stimmung mies,
das Wetter fies,
die Nachrichten schlecht,
die Laune sowieso – kurzum,
wir waren fast alle dafür,
dass es diesmal einfach zu schwer fällt
und deshalb besser ausfällt.

Als wir dann aber
in Verhandlungen mit dem lieben Gott eintraten,
das war so ungefähr Ende November,
Anfang Dezember,
da wurde es um Himmels willen schwieriger als erwartet.
Irgendwie hatten wir gedacht,
dass er, der liebe Gott nämlich,

auch erleichtert sein könnte,
dass so eine unverhofft gewonnene Zeit
dem alten Mann als Ruhepause
doch auch gut bekommt – hätte man annehmen können.

Aber was soll ich euch sagen:
Er war zu keinem Kompromiss bereit.
Nein!, sagte er ziemlich aufgebracht,
das sei nun mal des Sohnes Geburtstag
und den könne man nicht einfach streichen.
Im Himmel sei schon der Kaffeetisch gedeckt
und die Engel hätten bereits
das Hosianna mehrstimmig geprobt.
Der Gottessohn sei seinerseits
schon ganz gespannt auf seine Geschenke,
und im Übrigen könne man im Himmel
die Herren Petrus und Paulus nicht enttäuschen,
die schon seit Wochen ein starkes Stück einstudiert hätten –
so eine Art hanebüchenes Krippenspiel
ohne Krippe, aber mit Hahn,
etwas sehr Modernes jedenfalls – kurzum:
Es war nichts zu machen, der liebe Gott
war nicht zu bewegen,
wenigstens einmal auf das Fest zu verzichten.

Und so kam es, wie es kommen musste:
Wir hatten zwar keine Zeit,
aber wir haben sie uns genommen.
Weihnachten findet statt, im Himmel und auf Erden.
Das Fest steht fest und nicht zur Disposition.
Alle Jahre wieder wird uns
gar nichts anderes übrig bleiben
als mitzufeiern.
Es hat eben jeder von uns einmal im Jahr Geburtstag,
da gibt's kein Vertun,
auch zwei Jahrtausende nach Christus nicht.
Immerhin rechnen wir mit ihm unsere Zeit aus,
und so lange das so ist, bleibt's dabei:
Ich mach mir anders keinen Reim:
Weihnachten muss einfach sein.

Gott geht

Es hat sich herumgesprochen,
es ist kein Gerücht,
es verdichtet sich zur Gewissheit bei manchen:
Gott hat ein besonderes Kennzeichen,
eine besondere Eigenschaft oder Leidenschaft,
jedenfalls eine eigenartige Eigenart.
Was haben wir über ihn nicht schon alles gehört:
Er sei groß und mächtig, sogar allmächtig,
er sei der Schöpfer und der Herr und der Hirte
und der Einmalige,
man könne von ihm sagen, was man wolle,
es sei doch noch nicht alles
oder gar das letzte Wort,
weil er eben Gott sei,
das stehe nun einmal felsenfest.

Und nun das!
Diese Nachricht im Advent.
Gott hat nicht nur Namen und Eigenschaften
und Wesenszüge.
Gott macht auch noch was nebenbei.
Er hat eine Nebenbeschäftigung,
ein Hobby besonderer Art,
ziemlich anstrengend,
aber gut für die Kondition:
Gott ist ein Geher.

Gott geht – er steht nicht nur davor und dahinter,
schon gar nicht steht er dumm rum,
er steht auch nicht immer nur dabei oder voll daneben,
wie viele meinen,
er steht auch nicht nur auf, um sich
hin- oder gar abzusetzen,
er steht auch nicht Schlange,
bis er endlich bei uns drankommt.

Nein, so viel steht fest: Gott geht.
Es ist eine Adventsnachricht besonderer Art:
Wir haben einen mitreisenden Gott.
Einen, der beweglich ist.
Unterwegs, auf Achse,
entgegenkommend, umgänglich,
draufzugehend, eingehend beschäftigt,
sich zu bewegen.
Und das ist ein wirklich unkalkulierbares Risiko.

Viele Leute möchten Gott eigentlich ganz gern fest,
an einem Ort, am besten im Himmel,
auf seinem Altersruhesitz Platz nehmen lassen.
Er soll bei sich bleiben,
sich heraushalten hier,
gebührenden Abstand halten bitteschön!
Einen festgelegten und festgefahrenen
und angewurzelten Gott,
den könnte man besser abhängen und abhaken.

Im Himmel unter Hausarrest,
mit Ausgang am Sonntagmorgen bestenfalls.
Ins Abseits gestellt, ins Leere laufen gelassen,
konserviert und balsamiert fürs Museum,
zum Vorzeigen am Heiligen Abend.
Denkste!

Gott ist ein Umgänger, ein Nichtsesshafter,
ein Umherstreunender, ein Dauerläufer, ein Fußgänger.
Niemand weiß, ob er nicht im nächsten Moment
um die Ecke kommt
oder längst da war, da ist
oder war und längst gegangen ist, auf und davon.
Niemand kann vor ihm sicher sein.
Autofahrer und Reisende, wo immer ihr auch seid –
es kommt euch womöglich Gott entgegen,
überholen nützt jetzt gar nichts,
auch nicht rechts.
Es ist nicht abzusehen,
wann die Gefahr vorüber ist.

Gott geht –
das ist sein unveränderliches Kennzeichen.

Gott geht unter

Also, wenn Sie mich fragen,
das war schon lange abzusehen.
Das hat sich nicht nur angedeutet,
das ist seit Jahr und Tag unübersehbar:
Gott geht unter bei uns!
Gott geht unter – noch vor dem Weltuntergang.

Natürlich sieht es so aus,
als ginge alles auch ohne ihn.
Er wirkt ja auch so merkwürdig teilnahmslos.
Krieg und Gewalt, wohin man schaut,
Hunger und Elend,
Unrecht und Eigensucht –
Gott geht unter im Meer der Tränen und des Blutes,
täglich neue Untergangsmeldungen.

Man hört auch kaum was von ihm.
Seine Stimme dringt einfach nicht durch.
Bei der Beschallung des Supermarkts des Alltages,
da hat Gott keine Töne mehr,
da geht seine Stimme unter
im Gewirr der Marktschreier.
Gerade im Advent gibt es eine
geradezu inflationäre Untergangsentwicklung.
Gott geht sang- und klanglos unter
im Lametta- und Lebkuchen-Allerlei.

Das Kind in der Krippe erleidet den Erstickungstod
unter all den Paketen.
Gott geht unter.

Von ihm wird sowieso fast nur noch
in Negationen gesprochen.
Was Gescheites fällt einem zu Gott nicht mehr ein.
Nur wenn die Tagesschau läuft,
da sprechen wir mit vollem Mund:
Wenn es einen Gott gäbe, dann würde er das nicht zulassen!
Dabei haben wir doch einmal gelernt,
dass man mit vollem Mund nicht sprechen soll!
Der Untergang Gottes, sein Wegtauchen
aus unserem Denken und Handeln
wird täglich besiegelt mit den Schreckensmeldungen –
so als sei *er* daran schuld!

Wenn wir uns da nur nicht gewaltig geirrt haben!
Irren ist ja bekanntlich menschlich,
und mir scheint:
Nie waren wir so menschlich wie heute!
Wie kann das sein, dass jemand
die Verkehrsordnung unbeachtet lässt und dann
für den Unfall den Autohersteller verantwortlich macht?
Wie kann das sein, dass jemand das Licht ausmacht
und ärgerlich reagiert,
wenn er in der Dunkelheit stolpert?

Da meldet jemand sein Telefon ab und beklagt sich
dann,
dass niemand mehr anruft …
So erklären wir Gott zum Auslaufmodell,
zum ohnmächtigen Versager,
der uns doch eigentlich das Glück schuldig ist,
der liebe Gott …

Gott geht unter – so jedenfalls.
Gott kann aber nur so lange bei uns untergehen,
wie uns die Gottlosigkeit über alles geht.
Und das geht nun wirklich
zu weit.

Gott geht unter die Leute

Gott geht nicht unter!
Er geht unter die Leute – das ist es!
Man sieht und findet ihn so schlecht,
weil er mittendrin dabei ist und mitmischt,
sich einmischt inkognito,
unerkannt, ohne Bodyguard und roten Teppich,
nicht reserviert für die Upperclass,
keine geschlossene Adventsgesellschaft
mit beschränkter Haftung.
Wegen Einmischung in die Weltinnenpolitik
macht Gott von sich reden.
Der ist nicht menschenscheu,
der kann unseren Stallgeruch riechen,
trotz allem Mist, den wir machen,
und der zögert keinen Moment,
sich die Hände schmutzig zu machen.
Er mischt sich drunter und drüber,
und wenn sie ihn dabei aufs Kreuz legen.

Also: Wenn Sie ihn suchen im Advent,
müssen Sie unter die Leute gehen.
Da ist er, da geht er,
verkleidet womöglich als einer,
dem Sie eigentlich gar nicht so nahe kommen wollten,
wenn er's nicht wäre …

Aber das ist gar nicht so eindeutig.
Man weiß nie, ob er's nicht doch ist,
ob er nicht doch gerade eben unter die Leute geht.
Er arbeitet dann nämlich mit allen Tricks.
Einen will ich Ihnen verraten,
andere kennen Sie womöglich schon selbst.
Leo Tolstoi erzählt dazu eine Geschichte:

Ein König will unbedingt Gott kennen lernen.
Überall sucht er nach einem Gesprächspartner,
der ihm weiterhelfen kann.
Kluge Leute sind ihm keine Hilfe.
Er trifft schließlich einen armen Hirten.
Der macht mit ihm einen Schnellkurs in Sachen
Adventsglauben.
Der Hirte führt den König ins Freie,
lässt ihn in die Sonne blicken.
Aber der Glanz der Sonne blendet den König so sehr,
dass er erschrickt und den Kopf senkt
und die Augen reibt:
Willst du, dass ich erblinde?, fragt der König.
Aber König, das ist doch nur ein Ding der Schöpfung,
ein schwacher Abglanz der Größe Gottes,
ein Fünkchen eines flammenden Feuers.
Wie willst du mit deinen schwachen, tränenden Augen
Gott ansehen?
Suche ihn mit anderen Augen!
Der König staunt nicht schlecht

über diese Klugheit des Hirten
und sagt dann: Ich will dich reich beschenken,
wenn du mir auch noch eine Frage beantwortest:
Was macht Gott eigentlich?
Der Hirte fasst sich ein Herz und sagt zu dem König:
Gut, dann lass uns für eine kurze Zeit
die Kleider tauschen.
Und die beiden tauschen tatsächlich die Kleider.
Dann sagt dieser Hirte:
Siehst du, mein König, das macht Gott.
Er steigt vom Thron seiner Erhabenheit herunter
und wird einer von uns in Jesus Christus.
Er gibt uns, was er hat,
und nimmt das an, was wir haben.
So ist Gott!

Er geht unter die Leute.
Gott zieht sich unseren Schuh an,
anziehend wirkt er, verkleidet aber auch.
Also schauen Sie sich gut um, Gott geht herum!
Bei jedem Dahergelaufenen müssen Sie bedenken,
dass nicht nur er es ist, der da kommt,
die geringsten Schwestern und Brüder bringen ihn mit!
Gott geht unter die Leute – das heißt Advent.

Wetterbericht

Die Wetterlage:
Mit Hochdruck arbeitet Gott
an unserer unstabilen Wetterlage.
Aufheiterung ist in Sicht,
weil uns bald ein neuer Stern aufgeht,
der Licht in unsere Verhältnisse bringt.
In wenigen Tagen wird er bei uns ankommen.
Wie ein Blitz aus heiterem Himmel
kommen die Ausläufer der Liebe Gottes über uns.
Aus wechselnden Richtungen
weht bald ein anderer Adventswind.
Seine Stärke ist vorerst noch unberechenbar,
frischt aber jeden spürbar auf.
Die zwischenmenschlichen Temperaturen
steigen im Laufe des Tages endlich über den
Gefrierpunkt,
so dass mit einem Auftauen der Herzen
und dem vorläufigen Ende der Eiszeit der Gefühle
zu rechnen ist.
Allerdings ist dann im Flachland der Seelen
mit Überschwemmungen zu rechnen,
vor allem, wenn man sehr nah ans Wasser gebaut hat.

Die Vorhersage bis heute Abend:
Heiter bis trotzig,
Tageshöchsttemperamente hochgradig erwünscht,

Niedergeschlagenheit mitunter unvermeidlich,
Tiefausläufer zu befürchten,
wo wir zu hoch hinaus wollen.
Nebulöse Kurzsichtigkeit führt zu Sichtweisen
unter einem Meter.
Auf der Schattenseite dieses Tages kann es
zu akuter Rutsch- und Schleudergefahr kommen.
Fahren Sie also – wenn überhaupt –
vorsichtig aus der Haut.

Die weiteren Aussichten:
Wechselhaft.
Es muss nichts bleiben, wie es ist,
um Himmels willen.
Heute kommt es ganz auf das neue Klima an,
das Adventsklima,
anziehend warm,
beschert es landauf, landab
einen guten Tag.

Weihnachtskarten

Schreiben Sie auch welche?
So ganz altmodisch mit der Hand?
Briefmarke abgeleckt und ab die Post?

Das ist ja eine ganz eigene Kultur.
So was ist ziemlich einmalig im Jahr.

Wir schreiben uns, wenn's gut geht,
dreimal eine Karte:
Aus dem Urlaub, falls wir einen machen,
zum Geburtstag, falls wir einen haben,
und zu Weihnachten, wenn wir es denn tun.

Ich kann mich erinnern,
dass in meiner Kinderzeit im Advent
ganz viele Weihnachtskarten kamen
von Verwandten,
von denen ich die meisten gar nicht kannte.

Das heißt ich habe die nie gesehen, nie getroffen,
hatte keine Ahnung, wie die aussahen,
was die machten,
aber ihre Namen wurden jedes Jahr feierlich
am Küchentisch verlesen.
Und es war immer wie ein Abzählen,
ob noch alle da sind.

Wer keine Karte geschickt hatte,
stand unter dem Verdacht,
gestorben zu sein.

Und was mich immer sehr beeindruckt hat:
Da stand meist so gut wie gar nichts drauf.
Viele meiner fernen Verwandten schrieben einfach:
Wir wünschen allen frohe Weihnachten
und ein gutes, gesegnetes neues Jahr.

Das war alles – und das genügte auch.
Die Karte war die Botschaft in sich.
Alleine schon, dass es sie gab, dass sie ankam –
darauf kam es an!

Weihnachtskarten sind hoffentlich
noch lange nicht aus der Mode.
Wer keine schreibt, steht unter dem Verdacht,
nicht mehr zu leben im Denken an andere.

Und der liebe Gott hätt auch gern eine.
Der bekommt so selten Post,
ich meine, außer
Protestbriefen und Anklageschriften
erreicht den kaum ein Gruß und Kuss.

Und wenn wir uns so lange nicht bei ihm melden,
noch nicht einmal an Weihnachten,

dann könnte er auf einmal meinen,
wir seien am Ende tot mit unserem Glauben,
unserer Hoffnung,
unserer Liebe.

Wer um Gottes willen in diesen Tagen wieder
ein paar Karten verschickt,
der ehrt auch seinen Gott,
der erkennt seinen Vater im Himmel an,
indem er die Geburt seines lieben Sohnes
zum Anlass nimmt,
andere Söhne und Töchter zu grüßen.

Aus Anlass der Geburt Jesu Christi
geht die Post ab in dieser Welt.

In der Uniform des kleinen Mannes

Einmal hat der liebe Gott wieder
eine wirklich gute Idee gehabt.
Als er nämlich fertig war
mit dem Erschaffen von Himmel und Erde,
Luft und Meer, Sonne und Mond,
als er die Menschen und die Tiere
und die Bäume gemacht hatte
und alles so wunderschön geworden war,
da ist der liebe Gott neugierig geworden.
Das ist schon eine ganze Weile her,
so mindestens 2000 Jahre jedenfalls.
Er hat sich gesagt:
Am liebsten würde ich mir das Ganze
einmal von unten ansehen.
Also wie es wirklich ist in der Welt,
das möchte ich zu gerne einmal
ganz genau wissen.

Und sagte zu sich:
Wie kann man besser die Erde kennen lernen,
als wenn man klein anfängt
und wie ein Kind heranwächst?

Und so hat er es dann gemacht.
Er hat sich unter die Leute gemischt.
Und die, die auf ihn gewartet hatten und

dem großen Gott einen großen Auftritt zugetraut
hatten,
die haben fast gar nichts mitgekriegt.
Aber die, die auf gar nichts Gutes mehr gehofft hatten,
die armen Schlucker,
denen ist er zuerst begegnet.
Nicht im Seidenhemdchen und Frotteestrampler,
sondern in der Uniform des kleinen Mannes:
Darum heißt es:
Ihr werdet finden das Kind in Windeln gewickelt
und in einer Krippe liegen!

Kennen Sie Josef?

Kennen Sie Josef?
Den Josef der Maria?
Den Mann, der immer nur im Hintergrund steht,
etwas gebeugt
mit der Laterne in der Hand,
der das Feuer bewacht
mit Schlaf in den Augen?

Der Mann an der Krippe
mit der Rolle, die scheinbar keine Rolle spielt?
Kennen Sie den „Josef, lieber Josef mein“?

Ich muss schon sagen:
Weihnachten ist für den Mann eine Zumutung.
Da kommt die Jungfrau zum Kind,
und er weiß nicht wie.

Da ist er plötzlich zuständig
und weiß nicht,
wie er dazu stehen soll.

Da muss er plötzlich eine Rolle spielen
und weiß nicht,
wie man diese Rolle spielt.

Das kriegt der Zimmermann nicht gezimmert,
da wird der Baumeister nicht mit fertig,
da sind seine Kompetenzen nicht gefragt,
da fühlt er sich im falschen Film.

Mein lieber Josef:
Weihnachten ist nichts für Männer wie dich.

Und wie vielen von uns Männern geht es ähnlich.
Irgendwie von der Rolle.
Nicht zuständig und doch an allem schuld.
Irgendwie unentbehrlich,
aber doch nicht im Vordergrund.

Josef, lieber Josef mein,
hilf mir wiegen mein Kindelein,
heißt es im Lied.

Das Kind muss halt geschaukelt werden,
auch das Weihnachtskind
und alle unsere Kinder an Weihnachten.
Und dabei ist alles ziemlich rätselhaft und unbegreiflich,
was da so alles geschieht.

Wie finden wir Männer uns wohl zurecht,
wenn das Krippenspiel wieder beginnt?
Mehr als die rote Laterne hochhalten
möchten wir schon …

Die Bibel erzählt, dass Josef drauf und dran war abzuhauen
und dass Gott ihn im Traum
auf traumhafte Weise einbindet,
hereinholt, beauftragt,
zum Verbündeten macht.
Und ab sofort ist er der stand-by
Beistand für Maria
und begibt sich auf die Abenteuerreise
nach Bethlehem,
ganz unbequem.
Josef wird zum Mann an der Krippe,
der weiß, was er tut.
Er schließt ein Bündnis für Arbeit
mit dem lieben Gott.

Sein Plan heißt *Jesus.*
Mein lieber Josef,
Weihnachten ist
nur was für Männer
wie dich.

Herodes weiß es

Kennen Sie Herodes?
Den König Herodes?
König in Jerusalem,
wunderschön,
angenehm?

Ja, für den wurde es an Weihnachten ziemlich unbequem.

Weil ein König nämlich gerne König ist,
kann er sich alles vorstellen,
alles Mögliche
und alles Unmögliche womöglich.
Nur eines nicht, bestimmt nicht:
Dass er nicht mehr König ist.

Herodes hört es,
wie da auf einmal,
weiß der Himmel warum,
das Gerücht ruchbar wird,
es gebe womöglich einen anderen König
außer Herodes.
Wer weiß es.

Kein König möchte gerne kein König mehr sein,
denn das macht ihn unterlegen und klein.

Und deshalb will Herodes sich einen Reim darauf machen
und befragt die drei Sterndeuter.
Die suchen den neugeborenen König,
weil sie seinen Stern gesehen haben
und natürlich zuerst dort suchen,
wo ein König zu sein pflegt,
nämlich am Königshof.

Aber Fehlanzeige,
kein König da,
kein neuer jedenfalls,
und der alte sieht ziemlich alt aus,
weil er um seine tolle Rolle bangt.

An Weihnachten wird
der Größte ganz klein
und passt sogar in eine kleine Krippe.

An Weihnachten müssen alle Herrscher und Mächtigen
sich mächtig beherrschen,
denn es kommt einer,
der herrlich herrscht,
indem er dient.

Jetzt wird die Konkurrenz groß
für alle, die sich für konkurrenzlos wichtig halten.

Jetzt wird die Luft dünn
für alle, die andere kaum Luft holen lassen.
Jetzt kommt ein neuer König auf den Plan,
der jedem Herodes seine Herrschaft streitig macht.

Alle, die mit ihrer Allmacht andere alle machen,
sind jetzt unruhig und in Gefahr.

Es gibt nämlich einen neuen König der Ehren.
Lobet den Herren!

Schluss mit Unterdrückung und Selbstsucht.
Etwas Neues fängt an
und Herodes
weiß es.

Wunschzettel

Haben Sie schon Ihren Wunschzettel geschrieben?
Ich meine, sind Sie sich schon im Klaren darüber,
es ist jetzt dran,
dass Sie sich mal was wünschen?
Wie, Sie meinen, das sei Kinderkram?
Ja natürlich, deswegen frag ich ja,
weil wir doch im Advent
endlich wieder Kinder sein dürfen.
Nur für kurze Zeit,
dann wieder lange nicht mehr,
dann sind wir wieder zurück im ganzen Ernst
der Erwachsenenwelt.
Aber im Advent,
im Advent ist die gute Zeit,
da ist endlich mal wieder das Kind nicht weit.

Wenn es sich Gott selber erlaubt,
als Kind auf die Welt zu kommen,
also, ich bitte Sie,
dann dürfte es doch kein Gesichtsverlust für uns sein,
so ein bisschen vom Kind in uns zuzulassen.
Es ist ja nicht für immer,
es geht ja schnell wieder vorbei.
Also eins sage ich Ihnen gleich:
Wenn Sie diese Gelegenheit nicht nutzen,
werden Sie es bereuen.

Die Adventszeit kommt so schnell nicht wieder,
und Sie werden am Ende etwas vermissen,
wenn es Weihnachten wird
und es ist kein Kind weit und breit dabei.

Also zurück zu meiner Frage:
Haben Sie schon Ihren Wunschzettel geschrieben?
Wenn nicht, dann ist heute der Dienstag,
an dem Sie sich diesen Dienst erweisen.

Wie, Sie meinen, Sie hätten schon alles?
Natürlich, dann erst recht.
Es gibt nämlich mehr als alles.
Viel mehr.

Wünschen Sie sich doch mal was
außergewöhnlich Gewöhnliches
wie
warme Füße,
gutes Schlafen
oder langen Mut.

Auf jeden Fall
keine halben Sachen,
nur ganz Ganze.
Zum Beispiel
einen ganzen Tag nur versöhnt und verwöhnt werden
und eine ganze Nacht womöglich noch dazu,

eine ganz gute Besserung,
einen ganz langen Brief,
einen ganz reizenden Besuch,
einen ganz anderen Advent.

Sie merken:
Wünschen ist gar nicht so einfach.
Manchmal fällt uns gar nichts ein,
weil wir es so selten tun.

Jesus hat einmal einen Kranken getroffen,
der war auch ganz ungeübt im Wünschen,
schon dreißig Jahre nur krank und gekränkt,
war wunschlos unglücklich sozusagen.
Und da hat Jesus ihn tatsächlich gefragt:
Willst du gesund werden?
Oder hast du dich in deinem Dilemma eingerichtet
und sagst:
Mir geht's gut, ich kann klagen!

Advent will,
dass wir wieder wünschen wollen –
und das nicht zu wenig.

Wissen, was eine Windel ist

Kleider machen Leute – sagen wir.
Gut gekleidet muss ein König sein,
in Samt und Seide gehüllt.
Es gibt die Uniform und die Amtstracht,
das Festgewand und die Arbeitsklamotten.

Und alle wollen gut daherkommen,
chic sein, im Trend liegen, tipptopp …

Nur Gott macht da nicht mit.
Er kommt auf die Welt und es heißt:
Ihr werdet finden das Kind in Windeln gewickelt und
in einer Krippe liegen!

Gott kommt nicht ehrfurchtgebietend, erhaben,
in Samt und Seide,
mit Insignien der Macht und der Überlegenheit.
Er kommt in der Uniform des kleinen Mannes –
in Windeln!

Das ist die Amtstracht derer,
die nicht immer ganz dicht sein müssen.
Windeln – das ist das Kleidungsstück für Anfänger.

Damit hat Gott ein ganz ungewöhnliches
Erkennungszeichen ausgewählt.

Wer ihn finden will, so lässt er durch die Engel ausrichten,
wer Jesus sucht,
der muss einen Blick für das Unscheinbare
und Banale, das allzu Weltliche haben.
Wer Jesus finden will,
der muss wissen,
was eine Windel ist.

Eine Windel brauchen aber nur die,
die wissen, dass uns nicht alles gelingt,
dass auch ab und zu mal was in die Hose geht.
In der Schule, daheim, bei der Arbeit, in der Partnerschaft,
überall und jederzeit.
Niemand von uns ist immer nur stark und groß und sicher.
Umso wichtiger ist es, dass wir in Jesus einem Gott begegnen,
der weiß, was eine Windel ist.
So klein ist er, so wehrlos, so angewiesen auf Hilfe und Zuwendung,
auf Pflege und Zärtlichkeit.

Windeln – als Erkennungszeichen für
das Christuskind
in einer Krippe, dem Möbelstück für Stallgenossen.

Kleider machen Leute.
Die Windel liegt am Heiligen Abend voll im Trend,
heute ist sie salonfähig.
Man kann vielleicht damit keinen Staat machen.
Aber einen *Start* ins Leben mit *Gott* allemal.

Wer das nicht glaubt, ist schief gewickelt!

Anklopfen

Meine Kinder haben mir das beigebracht.
Ich kann nicht einfach, nur weil ich der Vater bin,
so mir nichts dir nichts mit der Tür
ins Haus fallen.
Es ist anständig, erst einmal anzustehen,
anzuklopfen, abzuwarten,
und dann von drinnen zu hören,
ob ich draußen bleiben muss.
Das gilt überall.
Hinter jeder Tür ist ein Mensch mit dem Recht,
Nein oder Ja zu sagen,
Herein! Oder: Jetzt nicht!
Ja bitte! Oder: Nein danke.
Das ist eine Frage der Achtung und des Respekts
vor dem Hoheitsgebiet des anderen.
Anklopfen ist eine Frage der Höflichkeit.

Gott ist auch sehr höflich.
Er schickt seinen Jesus auf die Anklopfreise
in unsere verschlossene Welt,
und der reißt nicht einfach alle Türen auf,
stürmt herein und macht sich breit.
Er steht draußen vor der Tür
und klopft an.

Jetzt wieder
im Advent.

Klopft und sagt:
Ich bin da,
stehe vor deiner Tür
und klopfe Klopfzeichen,
und wenn du hörst und willst,
dass ich hereinkomme
in deine verhältnismäßigen Verhältnisse,
dann werde ich dich suchen und besuchen
und bei dir Platz nehmen.

Ob Advent bei mir passiert,
darüber entscheide ich
ganz allein.
Einen Tag der Offenen Tür
kann es heute nur geben,
wenn ich zulasse,
dass Gottes Liebe bei mir einzieht.

Manchmal klopft er mit dem Finger
eines anderen Menschen,
schickt sozusagen
schon mal jemanden vor
zum Probeklopfen.

Verlaufsoffene Tage sind das
im Advent.

Wir sollten unsere Öffnungszeiten überdenken
und füreinander offenherzig sein.
Denn mit jedem, der heute bei mir anklopft,
kommt Gott mit zu Besuch
und will sich bei mir einfühlsam wohlfühlen.

Die aufschlussreiche Zeit ist da.
Gott macht Hausbesuche.

Geschenkt!

Eigentlich wollten wir uns in diesem Jahr
nichts schenken.
Wir schenken uns ja auch sonst nichts.
Höchstens einschenken tun wir uns – allerhand.
Jedenfalls, uns schien es durchaus einmal angebracht
zu sagen:
Das Schenken kannst du dir diesmal schenken
und mir auch – geschenkt!
Von wegen.

Es kam, wie es immer kommt, wenn's drauf ankommt:
Einer hat angefangen,
heimlich natürlich,
heimtückisch,
Geschenke zu kaufen.
Allein schon, um die andern zu ärgern
und zu hintergehen.
Und zwar wieder diese absolut Unnötigen,
weder hilfreich noch leicht zu entsorgen,
und so hat das wieder um sich gegriffen,
wie eben etwas um sich greift,
wenn's kein Mensch begriffen hat,
und bis zum Heiligen Abend
werden die Häuser wieder voll sein bis unters Dach
mit diesen mogelverpackten Heimzahlungen
und eingewickelten Provokationen,

nicht einmal geschenkt wollte man das haben,
was man sich da gegenseitig geschenkt hat.
Aber: es funktioniert immer wieder,
kein Mensch deckt diese perfekt organisierten
Massenmisshandlungen auf,
kein Mensch verscheucht diese
unerbittlich inszenierte Quälgeisterei,
wir schenken uns nichts,
wenn's ans Schenken geht.

Da lob ich mir doch diese ideellen,
unsichtbaren, platzsparenden Geschenke,
die sich schnell verbrauchen und nicht lange
rumstehen
und wie ein zeitloses Restrisiko ihre Umwelt
verstrahlen.
Ich meine: ein nicht gemachter unliebsamer Besuch,
ein vergessener Vorwurf,
ein gar nicht erst gemachtes Versprechen,
ein unbeschriebenes Blatt vor dem Mund,
eine nicht ausgesprochene Beleidigung,
eine verloren gegangene Mahnung,
eine vergessene Rechnung,
ein unwidersprochener Widerspruch
und ein wirklich ungeheucheltes Kompliment –
so etwas, das sind doch wirklich verkraftbare
und unbezahlbare Weihnachtsgeschenke,
zeitlos dazu.

Merken Sie sich das, fürs nächste Mal.
Weihnachten ist ja so ein anhängliches Fest,
das kommt immer wieder!

Menschenskinder

Weihnachten ist was für Kinder!
Nur schade,
dass wir keine Kinder mehr sind.
Jetzt ist es in einigen Tagen schon wieder so weit,
und wir wissen gar nicht so recht,
wie wir es feiern sollen.

Ach, was war das doch so rätselhaft, zauberhaft,
als wir noch klein waren.
Aber bist du erst mal groß oder sogar erwachsen,
was auch immer das ist,
so ist es aus mit dem Weihnachtstraum.
Das Christkind ist entzaubert,
so wie der Klapperstorch
und die ganze Verwandtschaft um Osterhasen,
Sandmännchen und Co.

Ein Glück, wenn wenigstens noch
Kinder im Haus sind,
Enkel meinetwegen,
jedenfalls klein müssen sie noch sein,
leuchtende Augen müssen sie haben,
gespannt sein, was kommt,
ungeduldig, aufgeregt und überglücklich,
dass die schöne Bescherung bald ist,
sie, die Kinder und Kindeskinder,

müssen sozusagen stellvertretend für uns
Weihnachten feiern.
Wir brauchen sie ausnahmsweise für etwas,
was sie besser können als wir.

Wenn Kinder da sind,
dann ist es sogar noch möglich,
dass wir was singen,
am Heiligen Abend.
O Tannenbaum,
ihr Kinderlein kommet
zum Beispiel,
warum nicht,
das passt dann doch noch,
und vielleicht haben die Kleinen sogar
ein Gedicht gelernt.

Weihnachten ist was für Kinder!
Nur schade, dass wir keine Kinder mehr sind.
Da kann man nichts machen.
Es hat lange genug gedauert,
bis wir endlich groß genug waren
für diese Welt.
Immerzu haben sie uns gesagt,
wir müssten noch wachsen
und einen Verstand bekommen,
der verdreht und versteht,
der nichts Kindliches mehr hat.

Kindsköpfe sollten wir
auf keinen Fall mehr sein,
wenn wir reif und tauglich sein wollten
für diese Welt.

Also haben wir, so schnell es eben ging, alles abgelegt,
was uns zu Kindern gemacht hat.
Aus der Traum,
nichts mehr ist's mit Staunen und Leuchten
und Glücklichsein.
Schön vernünftig sind wir geworden
und haben alles im Griff.
Unbegreifliches fassen wir gar nicht erst an.
Fassungslosigkeit können wir uns nicht leisten.
Wir machen uns nichts mehr vor
und glauben an keine Wunder.
Wir sind zu groß geworden fürs Christkind.
Dabei ist es doch selber eines.
Menschenskind.

Zu Fuß

Gott kommt zu Fuß in diese Welt.
Wer zu Fuß geht, sieht mehr, spürt mehr
und bekommt mehr mit.
Zu Fuß gehen heißt auch, sich Zeit nehmen
und sich umsehen
und hie und da stehen bleiben.
Fußgänger sind näher dran, mittendrin
statt nur dabei.
Gott kommt deshalb zu Fuß zur Welt,
weil er mittendrin sein will,
ein vorläufiger Mitläufer im besten Sinne!

Und das fängt ganz klein an.
Fußgänger fallen nicht vom Himmel,
die müssen erst laufen lernen.
Gott kommt in Jesus mit ganz kleinen Füßen zur Welt.
So kleine Füße hat er, wie jedes Baby,
das geboren wird.
Die Füße eines Neugeborenen,
durchschnittlich sechs Zentimeter groß,
klein, faltig, gekrümmt und noch völlig unbrauchbar.
Das dauert erst noch,
bis die kleinen Füße entdecken,
wozu sie gut sind.
Strampeln und in die Luft treten,
das ist erst der Anfang.

Das Wunder, das unbegreifliche,
dass der große Gott als kleines Kind bei uns anfängt,
sich umzusehen, und sonderbar:
Wenn Gott etwas auf die Beine stellen will bei uns,
dann beginnt er offenbar ganz klein und so
wie wir alle,
damit jeder mitkann, wenn er will.

Er geht lieber zu Fuß,
er kommt langsam,
damit er dich und mich auch trifft
unterwegs.
Und vor allem weiß er, wie das ist,
wenn man laufen und hinfallen üben muss,
und das immer wieder und zum hundertsten Mal.
Weiß, wie das ist, sich die Knie zu polieren
und auf die Nase zu fallen.
Wie das ist, wackelig und unsicher zu sein.
Er weiß, wie schwer es manchmal ist,
auch für Große,
immer wieder auf die Beine zu kommen.
Wie wir zu kämpfen haben manchmal,
um alles Mögliche unter die Füße zu kriegen.

Gott ist als Fußgänger unterwegs zu uns,
damit keiner sagen kann,
er sei zu schnell und zu bequem und zu leicht
seinen Weg gegangen.

Nicht auf großem Fuß kommt er daher
in Siebenmeilenstiefeln himmelwärts,
sondern er läuft sich die Hacken ab,
marschiert vor und zurück
und hin und her,
nur um dich und mich ja nicht zu verpassen,
wenn wir unseren Weg suchen.

Gott will so einen Fuß in die Tür dieser Welt
und unserer Herzen bekommen.
An seiner Gangart, an der Vorgehensweise
ist er zu erkennen,
wie er auf uns zugeht,
wie er entgegenkommt,
wie er jedem von uns lange nachgeht,
ohne uns zu nahe treten zu wollen.

Jesus will zu Fuß gehen,
von der Krippe bis zum Kreuz,
so weit die Füße tragen,
so weit es geht, geht er,
geht er mit,
geht er voran, geht er aufs Ganze
und geht am Ende bis zurück zu seinem Vater,
Schritt für Schritt durch Angst und Dunkelheiten
bis ins Licht der Ewigkeit.

Wie wir in diesen Tagen zugänglich werden
und ansprechbar, das hängt alles davon ab,
wie viel wir uns von der Vorgehensweise Gottes
abschauen
und möglichst ohne aufeinander herumzutrampeln
gute, mutige,
womöglich sogar gewagte Schritte tun.

Weihnachten ist am besten zu Fuß zu begehen.
Nicht nur wegen des Wetters,
sondern auch, um Tempo und Entfernung
möglichst menschenfreundlich zu gestalten.

So ihr nicht werdet wie die Kinder,
so könnt ihr nicht recht Weihnachten feiern.

Große Kinder Gottes dürfen wir sein,
die nicht vergessen, wie klein ihre Füße einmal waren,
und deshalb nicht meinen,
die Schuhgröße sei das Maß aller Dinge.

Kleine, süße Füße fangen in der Heiligen Nacht
von Bethlehem an,
sich göttlich menschlich müde zu strampeln.
Achtsam und vorsichtig muss man mit ihnen sein,
„Sind so kleine Füße, mit so kleinen Zehn,
darf man nie drauf treten,
könn' sie sonst nicht gehn."

Alles, was so kleine Füße hat,
muss uns heilig sein.
Alles, was so hilflos und ausgeliefert daherkommt,
muss unter unserem besonderen Schutz stehen.
Alles, was sich noch so unsicher und hilflos
hineinbewegt in diese schöne Weihnachtswelt,
hat Anspruch auf unsere zarte Zärtlichkeit.

Wie wir mit den kleinsten Füßen umgehen,
so behandeln wir auch Gott,
der sich so tief bückt und daherkommt
in der Heiligen Nacht
als noch auszubildender Fußgänger.
Das Kind in der Krippe strampelt sich frei und
macht den anderen Beine,
dass sie kommen und staunen und anbeten und froh
werden.
Und kitzlig war Jesus ganz bestimmt auch.
Das wäre doch gelacht.
Und Fußstapfen hat er gemacht
später,
kleine und große spürbare Spuren hat er hinterlassen,
und wir können ihnen folgen
zu Fuß am besten.

Wenn's geht!

Vom König mit den leeren Händen

In einer Gemeinde sollte ein Krippenspiel sein.
Wie jedes Jahr am Heiligen Abend.
Diesmal hatten junge Leute das Krippenspiel
selber geschrieben.
Und sie hatten wirklich an alles gedacht.
Sogar an Ochs und Esel, ja sogar an das Stroh.
Bei der Generalprobe, bei der angeblich
generell alles schief gehen muss,
ging tatsächlich allerhand ziemlich schief.
Kaum einer hatte seinen Text im Kopf,
die Kulisse war noch kolossal unfertig,
und was das Schlimmste war:
Die drei Könige hatte man schlichtweg vergessen.
Aus unerfindlichen Gründen
hatte man diese so wichtigen
Rollen überhaupt nicht besetzt.

Da man sie aber irgendwie doch für unentbehrlich
hielt,
schlug jemand vor, in der Gemeinde rumzufragen,
wer spontan bereit wäre, König zu sein.
Es müsse ja jetzt kein Text mehr
auswendig gelernt werden,
es würde genügen, wenn die drei
ein Geschenk mitbrächten
und das an der Krippe ablegten.

Gesagt, getan.
Und so war es wieder einmal ganz plötzlich
Weihnachten
und der Heilige Abend stand auf dem Programm.
Die Kirche war voll, die Leute gespannt
und die Schauspieler aufgeregt.
Das Krippenspiel begann, und es begann gut,
es lief wunderbar,
niemand blieb hängen,
und wenn doch mal einer ins Stottern kam,
war es genau an der richtigen Stelle
und hat zur Weihnachtsgeschichte wunderbar gepasst.

Und dann die letzte Szene: Auftritt der drei Könige,
die last minute zu dieser Ehre gekommen waren.
Ungeprobt sozusagen traten sie auf, ganz live,
wie es eben ist im Leben.

Der erste König war ein Mann,
Mitte vierzig vielleicht oder auch schon älter.
Er hatte eine Krücke dabei,
brauchte sie aber offenbar nicht.
Alle schauten gespannt und spitzten die Ohren,
als er die Krücke vor der Krippe ablegte und sagte:
Ich hatte in diesem Jahr einen Autounfall.
Ich lag lange im Krankenhaus.
Niemand konnte mir sagen,
ob ich je wieder laufen kann.

Jeder kleine Fortschritt war für mich ein Geschenk.
Diese Zeit hat mein Leben verändert.
Ich bin aufmerksamer und dankbarer geworden.
Es gibt für mich nichts Kleines
und Selbstverständliches mehr,
aufstehen am Morgen,
sitzen, gehen und stehen,
dabei sein,
alles ist wunderbar, alles ein Geschenk.
Ich lege diese Krücke vor die Krippe
als Zeichen für meinen Dank für den,
der mich wieder auf die Beine gebracht hat!

Es war sehr still geworden in der Kirche,
als der zweite König nach vorne trat.
Der zweite König war eine Königin,
Mutter von zwei Kindern.
Sie sagte:
Ich schenke dir etwas, was man nicht kaufen
und nicht sehen und nicht einpacken kann
und was mir heute doch das Wertvollste ist.
Ich schenke dir mein Ja,
mein Einverständnis zu meinem Leben,
wie es geworden ist,
so wie du es bis heute geführt hast,
auch wenn ich zwischendurch oftmals
nicht mehr glauben konnte,
dass du wirklich einen Plan für mich hat.

Ich schenke dir mein Ja
zu meinem Leben und allem, was dazugehört,
meine Schwächen und Stärken,
meine Ängste und meine Sehnsucht,
die Menschen, die zu mir gehören,
mein Ja zu meinem Zweifel auch
und zu meinem Glauben.
Ich schenke dir mein Ja zu dir,
Heiland der Welt!

Jetzt trat der dritte König vor.
Ein junger Mann mit abenteuerlicher Frisur,
top gekleidet,
gut gestylt,
so wie er sich auf jeder Party sehen lassen könnte,
und alles hielt den Atem an,
als er mit ziemlich lauter Stimme sagte:
Ich bin der König mit den leeren Händen!
Ich habe nichts zu bieten.
In mir ist nichts als Unruhe und Angst.
Ich sehe nur so aus, als ob ich das Leben leben kann,
hinter der Fassade ist nichts,
kein Selbstvertrauen, kein Sinn, keine Hoffnung.
Dafür aber viel Enttäuschung, viel Vergebliches,
viele Verletzungen auch.
Ich bin der König mit den leeren Händen.
Ich zweifle an so ziemlich allem,
auch an dir, Kind in der Krippe.

Meine Hände sind leer.
Aber mein Herz ist voll,
voller Sehnsucht nach Vergebung, Versöhnung,
Geborgenheit und Liebe.
Ich bin hier und halte dir meine leeren Hände hin
und bin gespannt, was du für mich bereit hast …

Tief beeindruckt von diesem unerwarteten Königsauftritt
zum guten Schluss
stand jetzt eine merkwürdig
bedrückende Sprachlosigkeit im Raum –
bis Josef spontan zur Krippe ging,
einen Strohhalm herausnahm,
ihn dem jungen König in die leeren Hände gab
und sagte:
Das Kind in der Krippe
ist der Strohhalm,
an den du dich klammern kannst!

Weil alle spürten, dass so gesehen alle
mehr oder weniger Könige mit leeren Händen waren
trotz voller Taschen und Geschenke,
konnte man die Betroffenheit mit Händen greifen.

Und so kam es,
dass am Ende alle Leute in der Kirche
nach vorne zur Krippe gingen
und sich einen Strohhalm nahmen.

Und da wurde auf einmal deutlich,
dass es am Heiligen Abend ganz und gar
keine Schande ist,
mit leeren Händen dazustehen,
sondern geradezu die Voraussetzung dafür,
dass man etwas entgegennehmen,
etwas bekommen kann.

Der gefährlichste Abend

Heute Morgen, als wir aufgewacht sind,
sah alles zunächst noch ganz harmlos aus.
Bis uns spätestens beim Frühstück aufgezählt wurde,
was noch alles zu tun ist.
Unglaublich, diese ultimativen Tätigkeiten
am Heiligen Abend!
Es ist, als gäbe es nach Ladenschluss
nie mehr etwas zu kaufen.
Es kommt uns vor, als ob heute
alles Unerledigte auf ewig dahin ist,
nie wieder aufzuholen.
Auf den Punkt genau soll bis zum Heiligen Abend
alles,
aber wirklich alles in einmaligem Glanz dastehen.
Es muss an so vieles gedacht werden –
unglaublich, was man alles vergessen kann:
den Baum, die letzten Geschenke, das Essen, die Oma,
und dann noch rechtzeitig in der Kirche sein.
Geradezu heldenhaft, was Menschen am Heiligen
Abend
zu leisten imstande sind.
Es ist, als ob heute Abend
das Jüngste Gericht angesagt wäre,
und was bis jetzt nicht erledigt ist,
uns zur Last gelegt wird.

Im Laufe des Jahres hat es schon zwischendurch
Tage gegeben,
an denen es mir wirklich gut gegangen ist,
vielleicht an dem Sommerabend,
als wir zusammen draußen auf der Terrasse saßen,
oder bei der Wanderung damals im September.
Doch. Zwischendurch hat es Augenblicke im Jahr
gegeben,
ganz harmlose und undramatische,
da hätten wir von mir aus
Weihnachten und Ostern auf einmal feiern können,
aber heute und jetzt – ausgerechnet am 24. Dezember –
das kommt doch alles sehr ungelegen.

Was wird uns am Heiligen Abend nicht alles abverlangt,
geradezu Übermenschliches sollen wir vollbringen.
Eben noch im Einsatz und pausenlos
mit Vorbereitungen beschäftigt,
jetzt aber völlig entspannt und gelassen
und absolut feierlich sanft gestimmt.
Fröhlich jubilieren sollen wir auf Kommando,
sollen diesen ganzen Ärger von heute und gestern
einfach vergessen
und die Welt im Glanze verklärt betrachten.
Wer es bis hierher geschafft hat, der ist jetzt geschafft!

Es ist ganz komisch, aber
dies ist einer der Tage und Abende,

die ganz im Gegensatz zu sonstigen
irgendwie nicht von alleine vorbeigehen wollen,
sondern die wollen begangen und gefeiert
und durchgestanden werden.
Während man bei so manch anderem Tag
sich einfach nur ducken muss
oder fernsehen bis zum Abwinken,
ist heute alles anders,
am Heiligen Abend kann sich niemand entziehen,
da müssen alle durch.

Dies ist wohl der gefährlichste Abend
des ganzen Jahres.
Nie kommen wir uns so nahe wie heute –
und wer sich nahe kommt, der kann sich auch leicht
auf die Füße treten.
Nach jedem Weihnachtsfest schnellt angeblich
die Zahl der eingereichten Scheidungsklagen
nach oben wie nie.
Und im Grunde ist es ja auch viel zu riskant
und geradezu lebensgefährlich,
was wir da alle Jahre wieder
mit entschlossener Leidensbereitschaft organisieren:
Ich meine das konsequente Einsperren der ganzen
Familie
in ein einziges Wohnzimmer auf engstem Raum,
wo doch sonst – wohl aus gutem Grund –
jeder seiner Wege geht.

Und dann liegt da ausgerechnet in diesem
Wohnzimmer
auch noch der Teppich,
unter den wir das ganze Jahr schon
alles Mögliche gekehrt haben –
kein Wunder, dass man ins Stolpern kommt.
Ich vermute ganz boshaft,
dass das all die Jahre sowieso nur gut gehen konnte,
weil permanent schon präzise am Tatort selbst
das Schmerzensgeld und das Schweigegeld
bar ausbezahlt worden ist.

Ein weiterer Hinweis scheint mir absolut
unverzichtbar:
Niemand ist kalendarisch verordnet
ausgerechnet heute ein besserer Mensch,
nur weil Weihnachten ist.
Die Verwandtschaft bleibt die Verwandtschaft,
die Kinder die Kinder –
und am meisten unveränderlich:
Ich bleibe ich!
Also keine visionären Erwartungen
vom programmierbaren Weihnachtsfrieden
unter den Dächern!
Wir sind auch an Weihnachten dieselben,
das müssen wir unbedingt einkalkulieren.
Unmöglich wird dieser Abend all das erfüllen,
was die vergangenen uns schuldig geblieben sind.

Wir werden nicht plötzlich offen und gesprächig
und kuschelig –
nur weil Heiligabend ist.
Wir mutieren nicht auf einmal
zu sanftmütigen Engelsgestalten.
Darum niemanden überfordern:
Es darf was anbrennen,
es darf was durchgehen,
es darf was ärgerlich sein.
Jedem sein Recht auf Unglücklichsein
an diesem Abend.
Niemand muss
auf Kommando glückselig frohlocken.

Aufgepasst, alle Weihnachtsmänner
und Weihnachtsfrauen:
Es ist ein heiliger heikler Abend,
nehmt euch voreinander in Acht,
aber fürchtet euch nicht,
denn in Bethlehem damals
war es auch nicht romantisch.
Entgegen allen Gerüchten:
Die Heilige Nacht dürfen wir uns ruhig
ziemlich menschlich vorstellen
und weniger süß und lockig
und golden und glänzend.
Eher frostig und zugig
und dunkel und kalt.

Gott kommt an einem Werktag auf die Erde.
Nicht in einer Kathedrale wird er auf Samt gelegt,
sondern in der Krippe auf Stroh.
Dort, wo allerhand Mist gemacht wird,
dort kommt er an,
weil sonst nirgendwo Raum in der Herberge ist.
Obdachlos ist er.
Kein Herz für Kinder in Bethlehem und Umgebung.
Und so lernt Jesus zuerst einmal
unseren Stallgeruch kennen.
Mitten in unser ganz normales Durcheinander
kommt er, Gott sei Dank,
und nicht erst, wenn alles aufgeräumt
und weggeräumt ist.

Sich wundern und träumen

Es stimmt bestimmt,
dass wir immer Kinder sind.
Kinder Gottes
um Gottes willen,
Söhne und Töchter Gottes,
mündige sogar,
also mit Mund und Mut und Munterkeit,
aber eben Kinder.
Du kannst so groß und so erwachsen werden,
wie du willst oder nicht willst,
Kind bleibst du immer,
Kind deiner Eltern
und Kind Gottes sowieso.
Nicht klein gemacht,
sondern groß geachtet.
Was für ein Glück!

Menschenskind,
werd ein Kind,
bleibe es,
verscheuch es nicht,
halt es in Ehren,
das Kind in dir,
diesen Anteil von Leben,
der sich noch verschenken und
nicht nur denken kann,

diesen Teil vom ganzen Kerl,
der sich noch wundern kann,
nicht alles verkehrt erklärt,
diesen Träumer in dir,
er wird gebraucht an Weihnachten,
sonst hast du sozusagen kein Organ,
um zu feiern, worum es geht.

Ohne dein Kindsein ist das unmöglich,
werden deine Augen nicht feucht leuchten,
wird dein Mund nichts singen und sagen,
werden deine Hände nicht zart zärtlich sein,
und wird dein Glaube immer nur Vernunft annehmen
und deshalb so abnehmen und verhungern –
an Weihnachten darf ich Kind sein,
sonst kann ich alles sein lassen.

Weihnachten ist ein Familienfest,
Gott feiert mit uns, seinen Kindern,
und nur, wer's glaubt, wird selig.

Und so gilt das Weihnachtsmotto:
Mach's wie Gott –
werd ein Kind!
Menschenskind.

Übrigens:
Die Himmelstür soll angeblich extra so klein,

so eng, so schmal,
so angemessen bemessen sein,
dass nur hineinkommt,
wer sich nicht aufbläst,
wer zu seinem Kindsein steht.

Das Christkind

Ich weiß noch ganz genau,
wie ich als kleiner Junge an Heiligabend
in aller Frühe noch mal zum Einkaufen
ins Dorf geschickt wurde.
Da traf ich vorm Bäcker meinen gleichaltrigen Freund,
und ich vergaß ganz den Einkaufszettel,
wie das so ist,
und wir erzählten uns ganz herrliche Sachen dabei,
und in meiner Naivität gestand ich Kindskopf ihm offen,
wie gespannt ich auf das Christkind doch sei.
„Was, du glaubst noch ans Christkind?“,
fragte er mich darauf mit vernichtendem Blick.
Von dem Tage an wusste ich absolut sicher und fest, dass,
wer in dieser Welt ernsthaft was gelten will,
jedenfalls nicht mehr ans Christkind glauben darf.

Wer ist das überhaupt – das Christkind,
dem man Wunschzettel schreibt,
das Plätzchen bäckt, wenn der Himmel rot ist,
das die Wohnzimmertür verschließt,
das Bäumchen schmückt,
klingelt, wenn's fertig ist, und verschwindet,
ehe man's erblickt?
Am ersten Weihnachtstag werden doch die Kinder
von der Oma gefragt:
„Na, war's Christkind denn brav?“

Glauben Sie noch ans Christkind?
Ist es ein Fabelwesen, eine Engelsgestalt,
die Großcousine vom Osterhasen,
weitläufig verwandt noch mit dem Klapperstorch,
die rechte Hand des Nikolaus draußen vom Walde?
Menschenskind, heut kommt doch das Christkind,
sagen die Leute.
Und wir wissen gar nicht, woran wir da glauben
sollen.

Viele ältere Menschen klagen darüber,
dass Weihnachten einfach nicht mehr so schön sei,
seit die Kinder aus dem Haus sind.
Wenn man groß ist, dann ist Weihnachten
nicht mehr so schön, weil Erwachsene halt
nicht mehr ans Christkind und
an seine ganze Verwandtschaft glauben können.
Was machen wir bloß,
wo's doch bald wieder kommen soll?

Es geht nur, wenn wir anfangen,
uns über das Christkind zu freuen,
das Christus-Kind heißt,
geboren in Bethlehem vor 2000 Jahren,
heruntergekommen in ziemlich armselige Verhältnisse,
damit es möglichst viel mit uns allen gemeinsam hat,
dieses Bündel Liebe,
das Gott in die Welt geschickt hat,

damit wir nicht verloren gehen,
sondern das ewige Leben haben.
Wenn das Christkind diesmal kommt, dann so,
dass es an seinem Geburtstag drauf ankommt,
wie viel ich ihm zutraue, von ihm erwarte
und ihm entgegenbringe.
Gottes Kinder können, auch wenn sie groß sind,
noch ans Christkind glauben.
Gott sei Dank!

Krippenspielzeit

Jetzt üben sie wieder.
In allen Kirchengemeinden kommen sie
wieder zusammen:
kleine Gernegroße, aufgeregte Zappelgesellschaft.
Es ist Krippenspielzeit.
Auswendig können sie den Text noch nicht,
aber inwendig ist schon alles gespeichert.
Die Aufregung ist groß.
Aber ohne Krippenspiel
kommt die Krippe nicht ins Spiel.
So viel steht einfach fest – für das Fest.

In einer Kirchengemeinde, so hört man,
wäre im vergangenen Jahr das Krippenspiel
beinahe ausgefallen.
Es hatten sich einfach keine Kinder dafür finden lassen.
Und es begab sich, dass es tatsächlich
ziemlich ausgefallen ausfiel.
Es meldeten sich nämlich die Senioren,
ältere Herrschaften also,
und sagten zu, selber zu spielen auf ihre alten Tage.
Eine 85-jährige Oma, rüstig und mit Format,
erklärte feierlich, dass sie die Maria spielen wolle,
das hätte sie als Kind nie gedurft,
das hätten immer andere besetzt –
und jetzt sei sie einmal dran.

Und ihr Mann, der hieße sowieso Josef,
also solle er auch der Josef sein
und ihn spielen.
Zumal der ja im Stück sowieso nicht so viel
zu sagen habe.

Alle Darsteller waren 70 Jahre und älter,
und es muss tatsächlich so bewegend schön gewesen sein,
dass sie beschlossen,
es in diesem Jahr wieder so zu machen.

Was meinen Sie – hätten Sie nicht auch Lust,
mitzumachen bei diesem Krippenspiel?
Sie werden gebraucht.
Ob jung oder jung geblieben –
welche Rolle würden Sie gerne übernehmen?
Engel oder Hirte?
König oder Wirt?
Soldat oder Schaf?
Wie auch immer, wichtig ist auf jeden Fall:
Unser Gott will, dass wir alle
in seiner Weihnachtsgeschichte eine Rolle spielen,
dass wir mitmachen und mitsingen
und uns mitfreuen.

Noch sind ein paar Tage Zeit!
Übrigens: Lampenfieber gibt's gratis!

Das Christkind soll bleiben

Ich beglückwünsche Sie zu Ihrer bravourösen Leistung,
wie Sie diese Alle-Jahre-wieder-Mutprobe
Weihnachten
meistern – einfach großartig!
Davor muss man einfach Respekt haben.
Dabei ist diese heilige eilige Zeit
nachweislich die gefährlichste des ganzen Jahres.
Niemals davor und niemals danach schweben wir
derart in Lebensgefahr.
Und das auch noch alle gleichzeitig.
Sonst, das Jahr über,
verteilt sich das Dilemma wenigstens ein bisschen
von Haus zu Haus.
Aber wenn es Weihnachten wird,
dann haben alle denselben Terminkalender.

Schlagartig hört das Leben auf, alltäglich
normal chaotisch zu sein.
Nichts, was uns vertraut ist und was wir gut können,
ist mehr erlaubt.
Du kannst keine Garage mehr aufräumen,
keine Bäume mehr fällen,
keine Straße mehr kehren.
Du kannst nicht mal schnell durch die Waschstraße
fahren,
im Internet surfen oder Faxen machen

oder ins Kino verschwinden,
weder Wäsche bügeln ist erlaubt noch Fenster putzen
noch sonst irgendeine kreative Ablenkung.
Alles wird sofort restriktiv behandelt, verboten,
nach Alibis gefragt,
als belastendes Material gegen dich gesammelt.

Du stehst unter Wohnzimmerarrest,
hast striktes Ausgangsverbot,
wird zwangsernährt, in Festtagsuniform gesteckt,
es sind dir die Hände gebunden,
du sitzt dumm rum,
während die Welt irgendwie aufgehört hat,
sich zu drehen.
Eine Nachrichtensperre verhindert
die unkontrollierte Kontaktaufnahme
zu nicht verwandten Leidensgenossen,
mit einer Überdosis an Familie fallen wir
in eine willenlose Apathie
und verwerfen jeden Fluchtgedanken.
Da müssen wir durch,
einsam, gemeinsam, mühsam mit Griesgram,
enthaltsam, langsam.

Die kollektive Kuschelparty erreicht an Heiligabend
schon ihren ersten Höhepunkt,
wenn man sich derart ungeschützt
seiner eigenen Verhältnisse vergewissert,

am Ende sogar sich selber trifft
und davon sehr betroffen ist.
Es kommt dann zu völlig unkontrollierten
Kurzschlusshandlungen.
Menschen fangen an, unheimlich schön zu singen,
finden sich plötzlich in einer Kirchenbank wieder,
haben Heimweh und Fernweh und sehende Sehnsucht,
tragen Trauer innen und Gänsehaut außen
und sich mit dem Gedanken, alles zu ändern.

Das muss man erlebt haben.
Da muss man dabei gewesen sein.
Alles ist ultimativ und auf Perfektion ausgerichtet:
Wer jetzt keinen Baum hat,
kauft sich keinen mehr.
Auf den Punkt genau muss einfach alles stimmen.
Es ist wie beim Röntgen, wenn sie dir zurufen:
Luft anhalten!,
und dann stehst du da und machst brav,
was man von dir will,
wenn es sein muss, stundenlang,
und du wartest,
bis endlich einer ruft:
Weiteratmen!
Das kann dauern.
Kann dauern bis zum zweiten Weihnachtstag, 17 Uhr.
Dann heißt es endlich: Weiteratmen.
Aufatmen!

Irgendetwas sollten wir womöglich ändern.
Erst recht, weil ja ziemlich fest damit zu rechnen ist,
dass es alle Jahre wiederkommt, das Fest.
Was können wir ändern?

Mich hat schon immer stutzig gemacht,
dass das Christkind angeblich selbst das Erste ist,
das abhaut, wenn das Fest beginnt.
Ich meine, es heißt doch,
dass es klingelt, wenn's da war,
und dann, wenn wir endlich reinkommen dürfen,
war's eben da und ist es nicht mehr.
Wir – die Hinterbliebenen –
stehen dann da mit offenem Mund und
feiern ein Christkind,
das sich eben gerade verabschiedet hat.
Da kann doch was nicht stimmen,
dass das Fest anfängt, wenn das Christkind da war.
Das kann ja wohl nicht wahr sein.
Wenn's Christkind geht, wenn die Feier anfängt,
ja da hört sich doch alles auf.
Man feiert doch keinen Geburtstag
ohne die Hauptperson.
Wie wär's, wenn wir im nächsten Jahr
das Christkind recht freundlich bitten würden,
doch nicht sofort durchs Fenster abzuhauen,
uns nicht uns alleine zu überlassen,
wenn wir gerade anfangen wollen zu feiern.

Komm, bleib doch noch!, sollten wir ihm sagen.
Wir brauchen dich zum Gratulieren und Jubilieren
und Reflektieren und Regenerieren und
zum Genieren und zum Berühren.

Das Christuskind, dessen Geburtstag wir feiern,
sollten wir als Ehrengast an unserem Weihnachtstisch
Platz nehmen lassen.
Vorsichtshalber im nächsten Jahr
einen Stuhl freihalten
und als Gebet schon mal einüben:
Komm, Herr Jesus, sei du unser Gast
und segne uns und was wir uns bescheret haben.
Das wäre dann endlich mal eine schöne Bescherung!

Auftauen

Warum sehnen wir uns an keinem Abend des Jahres
so sehr nach Wärme und leiden so
unter der gefriergetrockneten Nettigkeit?
Warum sind ungezählte Menschenseelen
ausgerechnet heute so schaurig traurig?
Weil wir endlich wieder einmal nicht nur hören,
sondern fühlen wollen.
Diesen Aggregatzustand gönnen wir
unseren unterkühlten Seelen ja sonst nicht.
Immer sollen wir schön besonnen und sachlich sein.
Wer Regung zeigt, gilt als schwach.
Man darf sich nicht alles so zu Herzen nehmen!,
heißt es abgeklärt.
Aber heute könnte doch die Eiszeit der Gefühle
endlich mal vorbei sein.
Auftauen könnten wir von innen heraus,
wenn wir ein flammendes Herz
für das Kind von Bethlehem bekommen.

Einmischung in die inneren Angelegenheiten aller.
Gott hat es zu seiner weihnachtlichen
Lieblingsbeschäftigung gemacht.
Es heißt: Euch ist heute der Heiland geboren!
Will sagen: Gott hat ein Herz für Sünder!
Das hält man doch im Kopf allein nicht aus –
das kann nur herzergreifend sein.

Es kann uns nicht kalt lassen, wie Gott versucht,
bei uns anzukommen, indem er uns seine
Liebeserklärung
frei Haus verschickt –
nicht nur mit schönen oder ernsten Worten,
sondern in Form dieses in Windeln verpackten
Bündels.
Um mit uns auf Augenhöhe zu leben.
Das müssen wir wie Maria erst einmal in unserem
Herzen
hin und her bewegen.
Und während wir das tun, kann es sein,
dass sie sich gut anfühlt, diese Nähe Gottes bei uns.
Da können Augen anfangen zu leuchten,
und wir spüren eine Gänsehaut.
Da könnten sich plötzlich Nachahmer
für Weihnachten finden, die sich gegenseitig zurufen:
Mach's wie Gott, werde Mensch!
Wie Gott mir, so ich dir!

Denn wenn da und dort ein Herz sich erwärmt
für diese Nachricht,
dann findet die Geburt Jesu auf einmal auch
außerhalb von Bethlehem statt –
nämlich hier und jetzt und überall,
wo Leute nicht nur hinhören, sondern hinfühlen.
Darum singen sogar hartgesottene Männer
ein weiches Lied,

werden ansonsten coole Typen für einen Moment lang weniger cool.
Darum sehen am Heiligen Abend
die Einzelgänger und Einsamen,
die Trauernden und die Kranken
wehmütiger als sonst hinter jedem erleuchteten Fenster
ein Stück schmerzlich vermisster Harmonie und Seligkeit.
Und drinnen, in den warmen Stuben
des vermeintlich ungetrübten Glücks,
da sind diese Stunden oftmals
der wahre Harmoniepegel-Erhaltungsstress –
weil es wenigstens eine Feuerpause an Weihnachten geben soll,
einen Waffenstillstand, eine friedliche Oase.
Herzlich wenig, aber immerhin.

Niemand will von Weihnachten bloß hören,
alle wollen es auch fühlen –
auch die ohne Dach überm Kopf, auch die ohne Familie
und vor allem auch die mit.
Dabei ist es ganz wichtig, dass alles seinen Platz
und seine Berechtigung hat an diesem Abend.
Schrecklich wäre ja, wenn wir an allen anderen Tagen
nur Kopf und heute nur Herz sein wollten.
Unerträglich, wenn sonst alles durchwachsen wäre
und heute eitel Sonnenschein von uns abverlangt würde.

Vielleicht hilft uns, was Maria macht:
Sie bewegte es in ihrem Herzen.
Sie versuchte zusammenzubringen in ihrem Herzen,
was scheinbar nicht zueinander passt.
An Weihnachten will Gott keine halben Sachen
mit uns machen,
sondern er will zusammenbringen,
was zusammengehört:
Himmel und Erde,
Gott und die Menschen,
du und ich,
die Not, die zum Himmel schreit,
und der Nothelfer, der vom Himmel kommt.
Die Verletzungen des Lebens und der Heiland,
der heil macht.
Die tiefe Einsamkeit und die geschenkte neue
Gemeinschaft.
Maria trägt alles Rätselhafte ihres Lebens
wie Puzzleteile zusammen und entdeckt,
wie Gott aus den einzelnen Bruchstücken
ein ganzes Stück Leben macht,
das Sinn und Ziel und Format bekommt.
Heute kann aus uns eine Ganzheit werden mit allem,
was zu uns gehört an Lust und Frust.
Wann sollen wir uns mit unseren verschiedensten
Gesichtern
versöhnen, wenn nicht an diesem Abend,
wo Gott zusammenfasst, was zusammenpasst –

unsere Fragen und seine Antworten,
unsere Unruhe und sein Friede,
unsere Eile und seine Zeit.
Gott steckt uns an mit seiner Liebe.
Dann geht uns ein Licht auf,
dann bekommt auch unsere Umgebung
andere Einsicht und Aussicht.
Heller und wärmer wird es
in unseren Häusern und Familien.
Und auf einmal werden sogar du und ich
Feuer und Flamme sein für den Heiland der Welt.
Wir sollen es nicht nur hören,
sondern auch fühlen.

Findelkind

Weihnachten müssen wir
Gott sei Dank
nicht jedes Jahr neu erfinden.
Es findet sich,
es findet uns,
es findet uns gut,
als Findelkinder Gottes,
die wir sind.

Wir hören die alten Worte neu,
es klingen die alten Lieder wieder,
das Vertraute will wieder geholt werden
und es fühlt sich gut an,
wie damals,
als wir noch Kinder waren.

Es ist der ganz eigene Klang,
der Grundton,
die Farbe, der Duft der Heiligen Nacht.
Einmalig,
einfühlsam,
unerklärlich herrlich,
bedeutend
und geheimnisreich zugleich,
nicht so gründlich zu begründen
mit Gründen,

die einleuchten,
ohne zu blenden.

Rätsel-,
ja zauberhaft.

Vernehmbar leise,
langsam,
still und zärtlich zart
spricht alles für sich,
spricht alles für mich
und sagt:
Fürchte dich nicht!
Nicht so sehr!
Sei behütet!
Gott ist in der Welt,
immer noch,
immer wieder,
auch bei dir
und auch hier
und sogar dort.

Nimm dir nicht zu viel vor
für diese Heilige Nacht,
liebes Findelkind
des lieben Gottes!

Hab Acht auf das kleine Stück Geborgenheit in dir,
das bisschen Licht nimm wahr,
halt sie warm,
die wunderbare Wärme,
und wickle deine Trauer damit behutsam ein.
Umhülle deine Unruhe damit zart
und lehn dich an die alten neuen Arten und Weisen,
kauere dich mit deinem fröstelnden Gemüt
in den schummrigen Stall
neben den Tieren
im Singsang des Wiegenliedes.

Finde Frieden
in der Nähe des Kindes,
damit du mit ihm groß werden kannst
und wächst,
bis in den siebten Himmel
womöglich.

Beug deine Knie mit den kühnen Königen,
verschenk dein Herz
an den Heiland der Welt.

Leg die Masken ab
und zeig dein wahres Gesicht.
Dein Ansehen steigt
zusehends,
wenn du dir das Kind ansiehst.

Lehn deinen schweren Kopf an das Krippenholz,
werd ruhig müde
und atme langsam das heilsame Heilen
dieser längsten Nacht.
Erst eilig,
dann heilig.

Weihnachtsgesicht

Wie geht's, wie steht's an Weihnachten?
War's Christkind brav, wie war die Bescherung?
Wie sieht's aus, wie ist die Lage am ersten Weihnachtstag
nach dem heiligen eiligen Abend?

Wenn man herausbekommen will, wie's geht und steht,
dann kann man die Leute befragen,
kann sich umhören und die Ohren spitzen,
was man so hört,
womöglich Unerhörtes?
Einfacher und direkter allerdings ist eine ganz andere Methode.
Es genügt, sich einfach umzuschauen und zu gucken,
wie es aussieht, wenn man sich's ansieht.

Es steht nämlich den Leuten im Gesicht.
Alle Leute haben heute ein Gesicht.
Das ist so sicher wie das Amen in der Kirche.
Weil niemand am ersten Weihnachtstag
kurz entschlossen beschließen kann:
Heut mach ich mal gar kein Gesicht.
Das geht nicht,
weil wir immer eines haben und immer eines machen.
Was machst du denn für ein Gesicht?,

sagen und fragen wir, wenn jemand daherkommt
und so ein Gesicht macht.
Also wenn wir wissen wollen, wie's heute geht und steht,
dann ist das eine einzige Ansichtssache.
Es steht uns nämlich ins Gesicht geschrieben,
weil wir heute alle ein Gesicht machen,
ein Weihnachtsgesicht.

Früher, bei uns zu Hause,
wenn wir Kinder eine Arbeit zu machen hatten
und sie mehr schlecht als recht erledigen wollten,
dann hat unser Vater sich das von weitem angeschaut
und vielsagend beurteilt mit dem Satz:
Kinder, das hat doch kein Gesicht!
Und damit war klar:
Etwas, was kein Gesicht hat, sieht nicht gut aus,
ist hinsichtlich seiner Bestimmung noch nicht am Ziel,
nicht fertig, nicht wirklich gelungen.
Weihnachten soll ein Gesicht haben –
und zwar unser Gesicht.

Aber wie sieht das aus?
Vorsicht, wenn Sie sich allzu sehr umschauen
und anschauen!
Das ist gefährlich und nicht immer ganz ehrlich.
Ansehen genießen – das kann mitunter eine delikate
Angelegenheit sein.

Und für manche Gesichter gibt es gerade an
Weihnachten
nichts zu lachen.

Überhaupt habe ich lange Zeit, als ich noch klein war,
tatsächlich geglaubt, Weihnachten hieße Weihnachten,
weil da so viele Leute weinen.
Irgendwie schien mir das völlig einleuchtend,
dass von daher der Name Wein-nachten kommt.
Ich habe einfach immerzu an Weihnachten zu viele
Leute
weinen sehen.
Es heißt eben Weihnacht und nicht Lachnacht.
Und wenn wir ehrlich sind,
dann ist uns kaum an einem Abend so merkwürdig
weh
und weich ums Herz wie grad am Heiligen Abend,
wenn wir die alten Lieder hören
und die vielen Bilder unseres Weihnachtslebens
in uns hochkommen
und so manche Erinnerung uns gut und weh tut
zugleich.

Im Buch der sprichwörtlichen Sprüche heißt es:
Ein fröhlich Herz macht ein fröhlich Angesicht!
Unsere Außenansicht ist nämlich nur der Spiegel
unserer inneren Angelegenheiten.
Und wem es schwer ums Herz ist,

der macht keine gute Miene
zum bösen Spiel.
Jedenfalls nicht auf Dauer
Und jedenfalls nicht, ohne eine Maske zu tragen.

Das Gesicht ist der äußere Eindruck für unser Innerstes.
Die Augen leuchten, und das Gesicht strahlt das aus,
was an Glanz und Wärme innen drin gespeichert
und angekommen ist.
Wir reflektieren nur, wir spiegeln.
Das heißt auch, dass wir angewiesen sind darauf,
mit welchen Gesichtern wir umgeben sind,
welche Augen uns wie ansehen,
welche Töne angeschlagen werden,
wie und ob man mit uns lacht und weint
an Weihnachten.

Gott will, dass wir heute unser Gesicht zeigen
und uns anstrahlen lassen von seiner Liebesmüh.
Die hat das Gesicht eines Kindes.
Und wenn es Gesichter gibt, die gerne angeschaut werden,
dann doch die der Kleinsten.
Neugeborene werden bestaunt wie nie mehr später.
Nach wem das Kind kommt,
wem es ähnlich sieht,
ob es weint oder lacht.

Das Kind in der Krippe gibt Weihnachten ein Gesicht.
Es hält später den Kopf für uns alle hin,
ohne ihn zu verlieren.
Und das sieht Gott ähnlich.

Wer in die Krippe von Bethlehem schaut,
der wird etwas spüren von dem Glanz der Liebe
Gottes,
die sich in Jesus offenbart,
und dann von diesem strahlenden Schein angerührt
und angesteckt sein
und ihn widerspiegeln und hineintragen in die Welt.

Damit die endlich ein menschlich Gesicht bekommt,
ein ansehnliches womöglich,
eines, das bewusst vor dem Angesicht Gottes steht
und sich dazu bekennt.
Wenn Gott so unsere Herzen fröhlich macht
mit seinem Krippenkind,
dann werden die Leute um uns herum Augen machen
und die Ohren spitzen
und sagen:
Schau mal einer an!
So sieht es also aus, das Weihnachtsgesicht.
Das kann sich aber sehen lassen.

Warteschleifen

Nichts im Leben tun wir so oft, so lange, so dringend, so unnötig, so ungeduldig, so leidenschaftlich wie das Abwarten, das Zuwarten, das Erwarten. Ein einziges Wartezimmer ist unsere Zeit. Darum reden wir davon auch immer und überall. In die Warteschleife geschickt, drehen wir so manche ungeduldige Runde, ehe wir landen können und Boden gutmachen. Warten – und Tee trinken im Advent unseres Lebens – in allen Variationen. Und das klingt – wie nicht anders zu erwarten – mal so, mal so:

Sollen wir schon mal anfangen, oder sollen wir noch warten?
Da kannst du lange warten!
Also, worauf warten wir?
Man kann auch zu lange warten!
Abwarten und Tee trinken.
Wart's ab!
Da hätte ich aber mehr erwartet.
Oh, wartet ihr schon lange?
Ich erwarte dich.
Ich erwarte von Ihnen Folgendes: …
Erwartungen werden enttäuscht.
Ein Kind erwarten.
Nichts anderes habe ich von dir erwartet.

Ich kann nicht länger warten.
Du hast es mal wieder nicht abwarten können!
Es lohnt sich nicht, zu warten.
Immer muss ich auf dich warten!
Länger kann ich nicht mehr warten.
Was kann man da schon erwarten!?
Früher als erwartet.
Ich hatte dich später erwartet.
Auf Gäste warten.
Auf bessere Zeiten warten.
Und ich sitze zu Hause und warte …
Wann darf ich Sie erwarten?
Was hast du denn erwartet?
Ich bin zum Warten verurteilt.
Ich warte auf Post.
Ich warte auf die Handwerker.
Ich warte auf deinen Anruf.
Abwarten, zuwarten.
Meine Erwartungen sind übertroffen worden.
Warten will gelernt sein.
Ich erwarte nichts Gutes mehr im Leben.
Ich warte auf den Tag, an dem alles anders wird.
Warten aufs Christkind …
Von Gott kann ich alles erwarten.
Ich habe immer noch zu viel erwartet.
Warten wir's ab.

Warten ist wie Atmen

Wer wartet, lebt sein Leben nach vorne orientiert.
Wer wartet, verliert keine Zeit, sondern nutzt sie offen und zielgerichtet.
Wer wartet, ist fleißig und voller Liebesmüh.
Wer auf Gottes Trost wartet, hat Hoffnung.
Warten ist die lebensbejahende Glaubenshaltung.
Wer wartet, dass Gott in seinem Leben handelt, der hat Grund, selber zu handeln.
Wer auf das Christkind wartet, der rechnet damit, dass es auch kommt.
Wer auf den Trost der ganzen Welt wartet, kann sich mit ihren Trostlosigkeiten nicht abfinden.
Wer lange warten kann, bleibt lange jung im Glauben, Hoffen und Lieben.
Wer von Gott *alles* erwartet, kann nicht *nichts* tun.
Gottes Name steht für hohe Erwartungen an ihn, weil er sich erweisen wird.
Warten können heißt, eine Sehnsucht haben nach einem erfüllten Leben aus Gottes Hand.
Alle Erwartungen, die auf das Kommen des Trostes gerichtet sind, ehren Gott.
Der Trost ist schon da, meine Tröstung lässt immer noch auf sich warten.

Werner Reiser

Vom Engel, der nicht mitsingen wollte

und andere Geschichten

96 S., Taschenbuch
ISBN 978-3-7655-3783-7

Als der kleine Engel in der Weihnachtsnacht plötzlich zu singen aufhört, finden das alle unerhört. „Warum willst du nicht singen?“, fragt der Großengel streng. Der Kleine macht ein trotziges Gesicht. Er hat natürlich seine Gründe, und die klingen plausibel. Aber dann erhält er als himmlischer Bote eine ganz besondere Aufgabe …

Werner Reiser präsentiert in diesem Lesebuch 14 bewegende Erzählungen: zum Lesen, zum Innehalten, zum Schmunzeln.

BRUNNEN VERLAG GIESSEN
www.brunnen-verlag.de

Max Lucado

Die Kinder des großen Königs

und andere Geschichten

80 S., gebunden

ISBN 978-3-7655-1932-1

Möchten Sie Gott bei der Arbeit zusehen? Max Lucados Legenden malen die uralten biblischen Geschichten lebendig vor Augen. Wenn er vom Anfang der Welt, von Gott und Mensch, von Glaube und Heil erzählt, dann schauen wir Gott, der seine Welt liebt wie ein Vater seine Kinder, direkt ins Herz.

BRUNNEN VERLAG GIESSEN
www.brunnen-verlag.de